I0482615

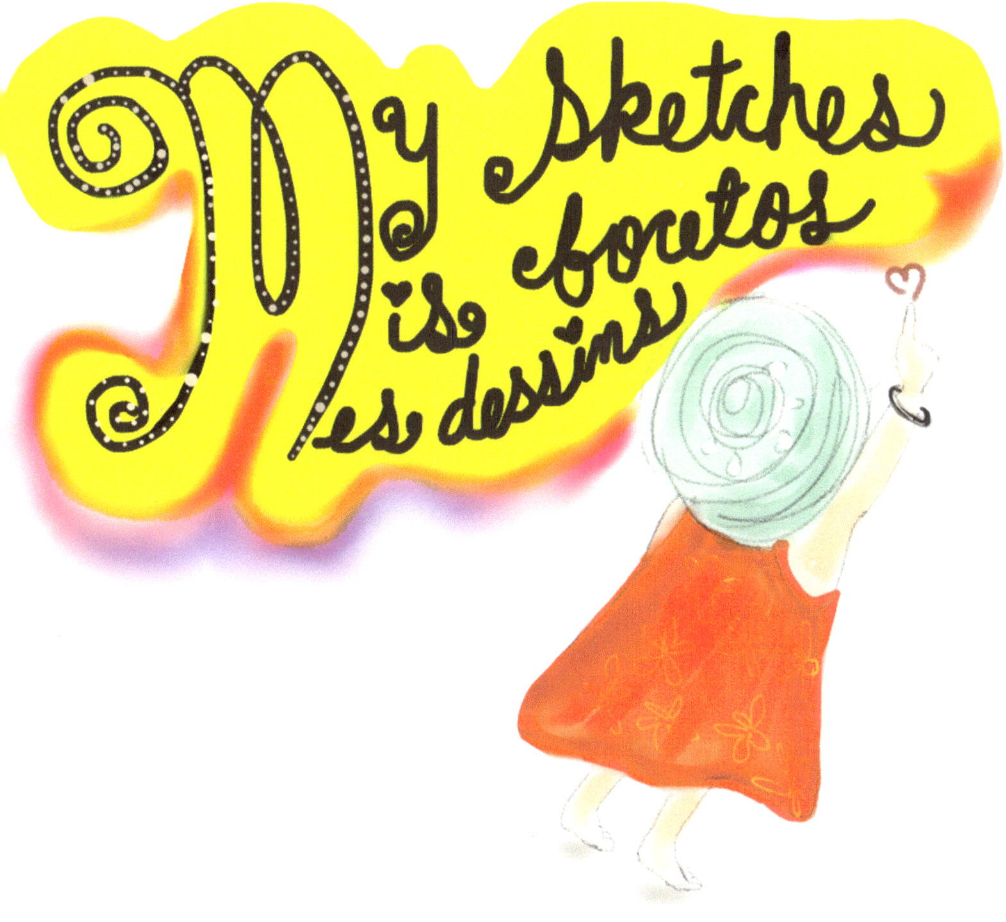

My sketches
Mis bocetos
Mes dessins

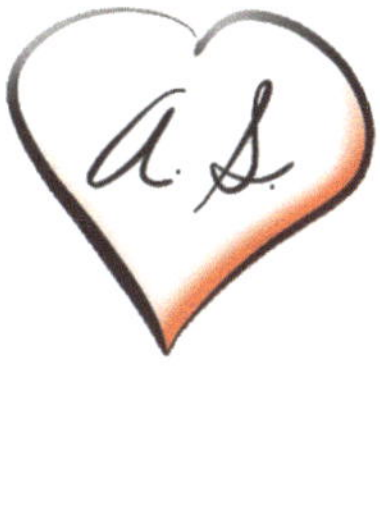

Piggy Press

740
So71 Saroya, Andrea
        My sketches : art tips = Mis bocetos :
consejos de arte = Mes dessins : conseils en
arts / Andrea Saroya ; ilustración Andrea
Saroya. -- Panamá : Piggy Press, 2016.
        100 p.; il.; 23 cm.

        ISBN 978-9962-690-99-3 (Tapa Dura)

1. LITERATURA INFANTIL PANAMEÑA
2. LITERATURA INFANTIL
3. ARTE – ENSEÑANZA   I. Título.

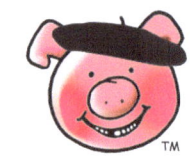

Piggy Press Books
www.piggypress.com

To Amélie, my awesome cousin,
who inspired the creation of My Sketches.

Para Amélie, mi prima maravillosa,
que me inspiró a crear Mis bocetos.

À Amélie, ma cousine extraordinaire,
qui a été l'inspiration derrière Mes dessins.

A.S.

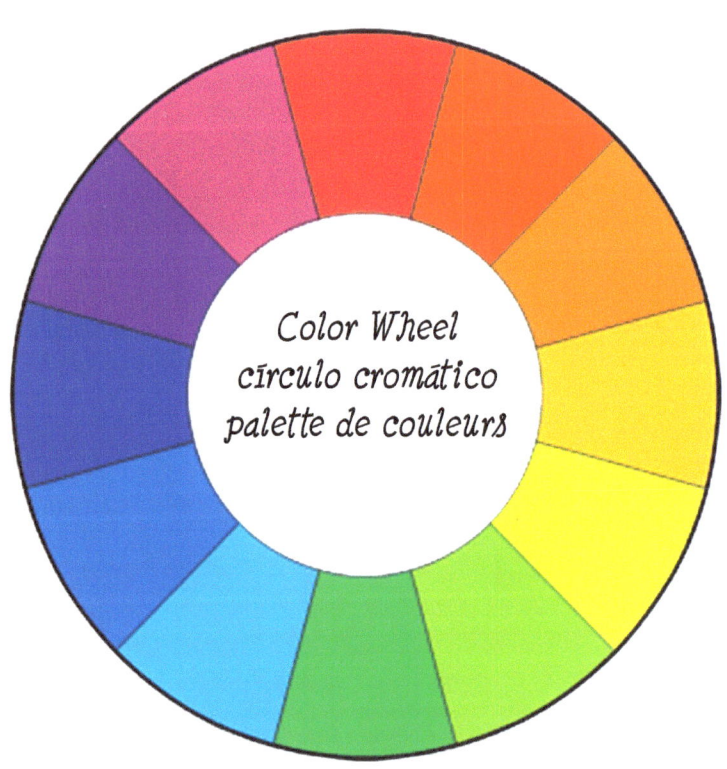

Color Wheel
círculo cromático
palette de couleurs

Art Tips

Consejos de arte

Des conseils en arts

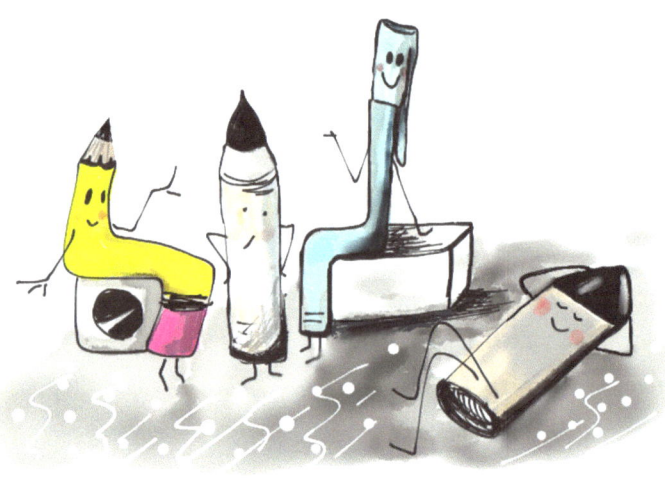

START SKETCHING.

Use your favorite pencil, pen, felt tip marker or digital pen. Keep a good eraser handy (one that is smooth to the touch and doesn't leave too much debris) and a pencil sharpener.

COMIENZA A DIBUJAR.

Usa tu lápiz, bolígrafo, fibra de colores o bolígrafo digital preferido. Ten a mano una buena goma de borrar (que sea suave al tacto y no deje demasiados desechos sobre el papel) y un sacapuntas.

COMMENCE À DESSINER.

Utilise ton crayon, stylo, feutre marqueur ou stylo numérique préféré. Garde une bonne gomme à effacer (idéalement lisse au toucher et ne laissant pas trop de débris) et une aiguise-crayon à portée de main.

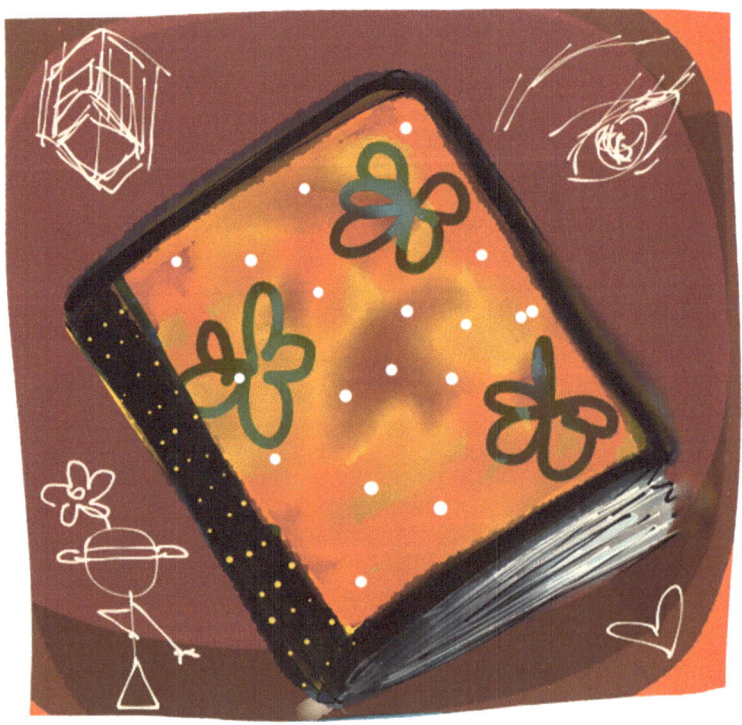

CHOOSE YOUR SKETCHBOOK.

A simple notebook, like this one, or a binder with looseleaf pages is fine. Make it your own by decorating the cover. Remember it's your visual diary. Writers like to write their thoughts and Sketch Artists like to draw them.

If you use a tablet, make sure you regularly back up your work to a cloud drive or USB, there is nothing more disappointing than losing your precious digital masterpieces.

ESCOGE TU LIBRO PARA BOCETAR.

Puedes usar un cuaderno simple, como este, o una carpeta con páginas sueltas. Hazlo tuyo decorando su tapa. Recuerda que es tu diario visual. A los escritores les gusta escribir sus pensamientos y a los artistas de boceto les gusta dibujarlos.

Si usas una tableta, asegúrate de hacer con regularidad copias de seguridad en la nube o en un USB. No hay nada más decepcionante que perder tus preciosas obras de arte digitales.

CHOISIS TON CAHIER DE DESSINS.

Un cahier simple, comme celui-ci, ou un cartable avec des pages à feuilles mobiles fera très bien l'affaire. Personnalise-le en décorant la couverture. N'oublie pas que c'est ton journal visuel. Les écrivains écrivent leurs pensées, alors que les artistes les dessinent.

Si tu utilises une tablette, assure-toi de sauvegarder régulièrement ton travail sur un lecteur nuagique ou USB, car il n'y a rien de plus décevant que de perdre tes chefs-d'œuvre numériques si précieux.

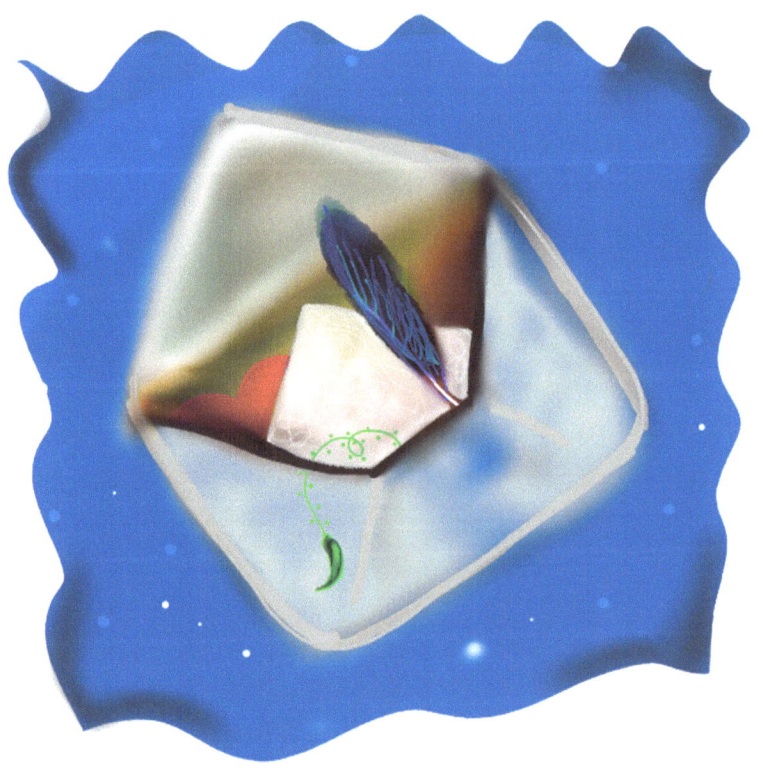

KEEP AN INSPIRATIONAL FOLDER, ENVELOPE OR DRAWER.

Collect any photo, magazine picture or amazing quote that catches your eye or even objects from nature, like a feather or leaf or beautiful flower. You can use them as a guide to draw a specific subject or to add fuel to your imagination.

TEN UNA CARPETA, SOBRE O CAJÓN PARA TUS INSPIRACIONES.

Colecciona fotos, imágenes de revista o citas sorprendentes que te gusten o incluso objetos de la naturaleza, como plumas, hojas de árboles o una bella flor. Puedes usarlos como guía para dibujar temas específicos o para impulsar tu imaginación.

GARDE UN DOSSIER, UNE ENVELOPPE OU UN TIROIR POUR TES INSPIRATIONS.

Ramasse toute photo, image de magazine ou citation étonnante qui attire ton attention ou même des objets de la nature, comme une plume, une feuille ou une belle fleur. Tu peux les utiliser comme modèle pour dessiner un sujet spécifique ou simplement pour alimenter ton imagination.

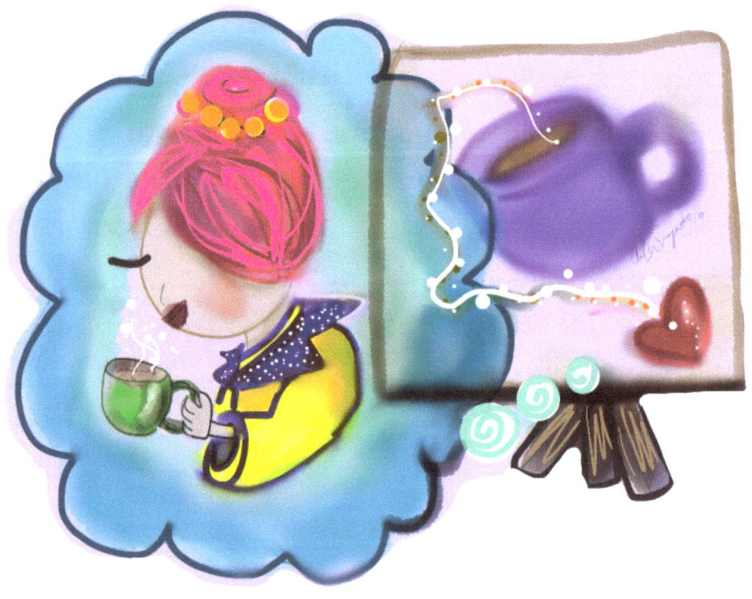

CONNECT TO YOUR MUSE.

Traditionally many visual artists have gained inspiration from a specific person, a.k.a. a muse.

For example, maybe you admire your auntie a whole lot, so you draw a piece inspired by her, based on her favorite colors or hobbies.

CONÉCTATE CON TU MUSA.

Tradicionalmente, muchos artistas visuales obtienen inspiración de una persona específica, también denominada musa.

Por ejemplo, si admiras mucho a tu tía, puedes dibujar una obra inspirada por ella, basada en sus colores o pasatiempos favoritos.

TROUVE TA MUSE.

De manière traditionnelle, de nombreux artistes visuels sont inspirés par une personne en particulier, une muse.

Par exemple, peut-être que tu admires beaucoup une de tes tantes. Fais un dessin qui s'inspire d'elle et de ses couleurs et ses passe-temps préférés.

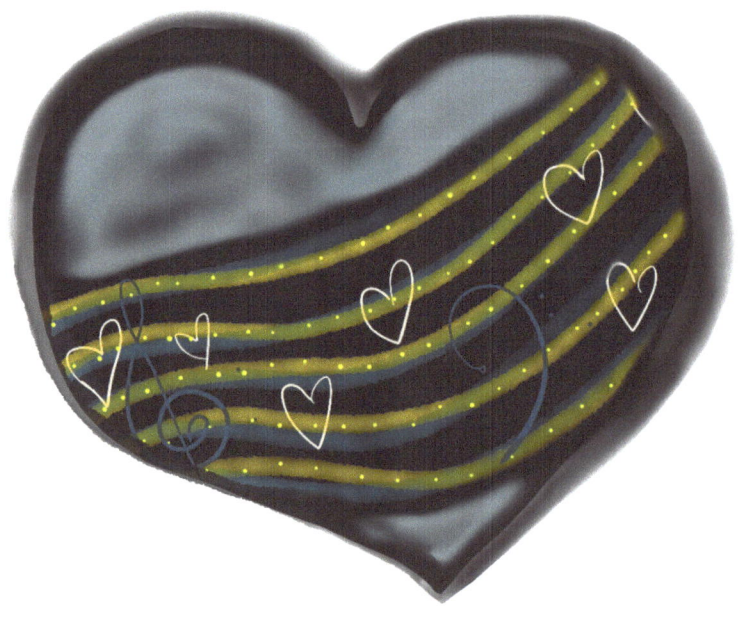

MUSIC IS YOUR BEST FRIEND.

Many sketch artists love to work with their favorite music. Some prefer Classical music, others like New Age, or Hip Hop or Country.

Make a few playlists on your phone that will bring you to your artistic zone – that place where you focus only on what you're drawing and time flies by.

LA MÚSICA ES TU MEJOR AMIGA.

A muchos dibujantes les encanta trabajar mientras escuchan su música favorita. Algunos prefieren la música clásica, otros la música New Age, o el Hip Hop o la música Country.

Crea en tu teléfono unas cuantas listas de reproducción de canciones que te transporten a tu zona artística, ese lugar en el que te concentras solo en lo que dibujas y el tiempo se te pasa volando.

LA MUSIQUE EST TA MEILLEURE AMIE.

De nombreux artistes aiment créer en écoutant leur musique préférée. Certains aiment la musique classique, tandis que d'autres aiment le new age, le hip-hop ou le country.

Crée quelques listes d'écoute sur ton téléphone qui te transporteront dans ta bulle artistique, cet espace où tu te concentres exclusivement sur ce que tu dessines et où le temps passe si vite.

6

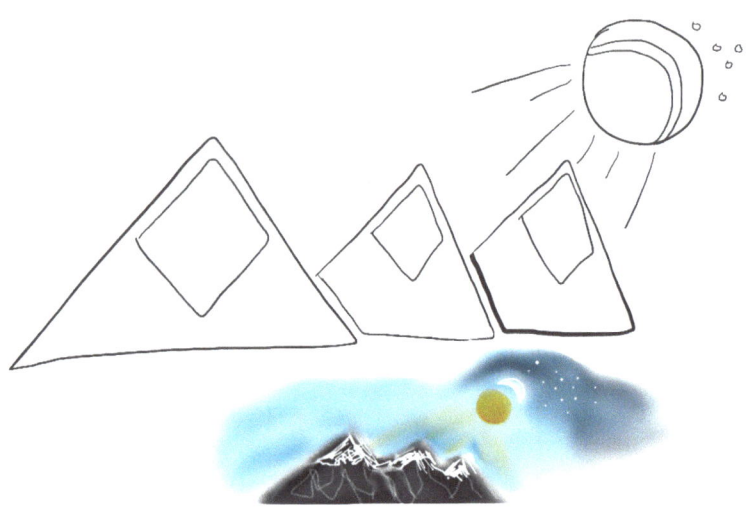

OBSERVE THE WORLD AROUND YOU.

Look closely at the people and objects of everyday life; notice how they are all made of different shapes, forms, colors and textures. You'll find circles, squares, ovals, rectangles, wavy, straight, jagged lines or maybe even smooth, rough or bumpy surfaces.

When you don't know how to draw something, break it down into simple shapes first, then add the details later.

OBSERVA EL MUNDO QUE TE RODEA.

Examina cuidadosamente a las personas y los objetos de tu vida cotidiana. Fíjate que todos están compuestos por formas, colores y texturas diferentes. Encontrarás círculos, cuadrados, óvalos, rectángulos, líneas onduladas, rectas y dentadas, o incluso superficies suaves, rugosas o zarandeadas.

Cuando no sepas cómo dibujar algo, divídelo primero en formas simples y luego agrégale los detalles.

OBSERVE LE MONDE QUI T'ENTOURE.

Observe bien les gens et les objets de ta vie quotidienne ; remarque leurs formes, couleurs et textures différentes. Tu trouveras des cercles, carrés, ovales, rectangles, ou encore des lignes courbées, droites ou dentelées, en plus de surfaces lisses, rudes ou bosselées.

Lorsque tu ne sais pas comment dessiner quelque chose, décompose-la d'abord en formes simples, puis ajoute les détails par la suite.

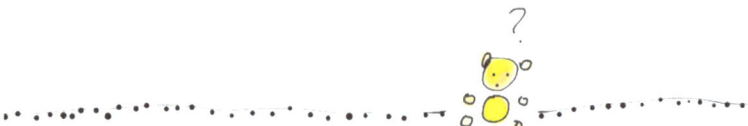

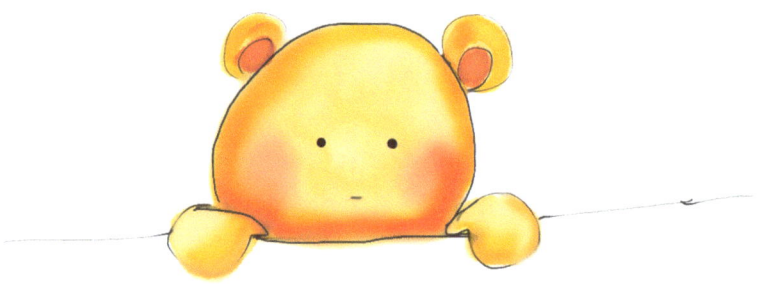

7

REMEMBER!

Objects closer to you appear larger and the colors darker. Those objects farthest away are smaller and the colors appear brighter.

¡RECUERDA!

Los objetos que están cerca tuyo se ven más grandes y sus colores son más oscuros. Los objetos más alejados se ven más pequeños y sus colores parecen más luminosos.

N'OUBLIE PAS !

Les objets plus proches de toi paraissent plus gros et les couleurs plus foncées. Les objets plus éloignés sont plus petits et les couleurs sont plus pâles.

8

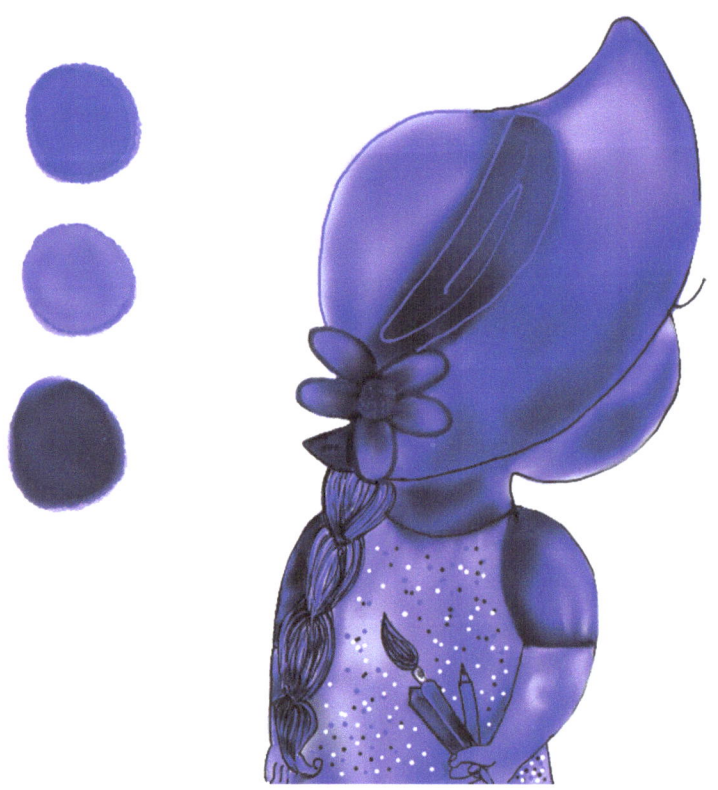

YOUR WORLD IN MONOCHROME.

Many painters make pieces with just one color
and its shade (color mixed with black) and
hue (color mixed with white). This is called
monochromatic. You can try this with paints
like acrylic or oil, or use pastels. Try it using
your favorite color.

TU MUNDO MONOCROMÁTICO.

Muchos pintores crean obras usando solo un color y sus matices (el color mezclado con negro) y tonalidades (el color mezclado con blanco). Esas son obras monocromáticas. Puedes probar este estilo usando pinturas acrílicas o al óleo, o puedes usar pasteles. Pruébalo usando tu color favorito.

TON MONDE EST MONOCHROME.

De nombreux peintres font des œuvres en utilisant une seule couleur, déclinée en différents tons (la couleur mélangée à du noir) et teintes (la couleur mélangée à du blanc). C'est ce que l'on appelle monochrome. Tu peux essayer avec de la peinture comme l'acrylique ou de l'huile, ou des pastels. Utilise ta couleur préférée.

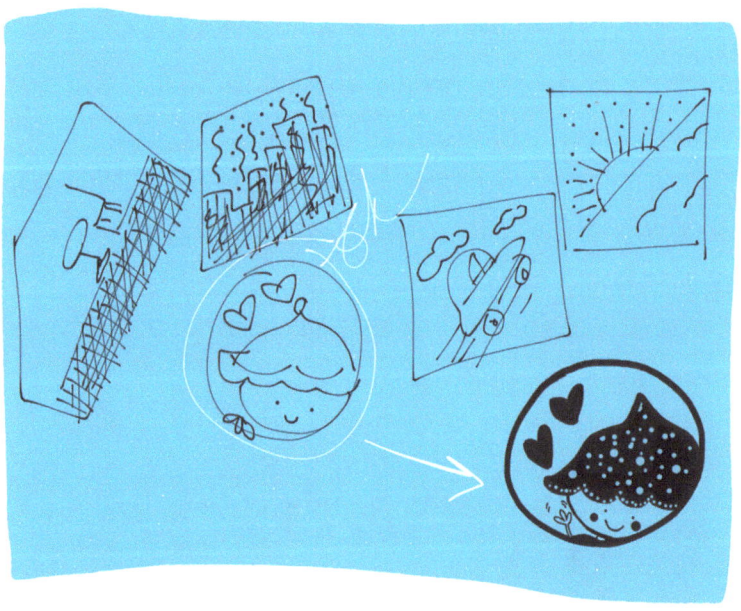

9

DOODLES ARE MASTERPIECES TOO.

Sometimes you get this great idea and doodle a few samples of it in your sketchbook. Another word for these is a thumbnail sketch. They are most often used as a guide to a more refined piece later, but once in a while there is one thumbnail that is perfect just the way it is.

LOS GARABATOS TAMBIÉN SON OBRAS DE ARTE.

A veces tendrás una idea excelente y garabatearás unas pocas muestras de la idea en tu libro de bocetos. Estos se llaman también bocetos en miniatura. Se usan frecuentemente como guía para crear una obra más detallada más adelante, pero de vez en cuando hay bocetos en miniatura que son perfectos tal como están.

LES GRIBOUILLAGES SONT AUSSI DES ŒUVRES.

Parfois, tu as une excellente idée et tu gribouilles quelques échantillons dans ton cahier. On appelle ça des « petits croquis ». Ils sont souvent utilisés comme modèles pour faire un dessin plus raffiné plus tard, mais de temps en temps, les petits croquis sont parfaits tels quels.

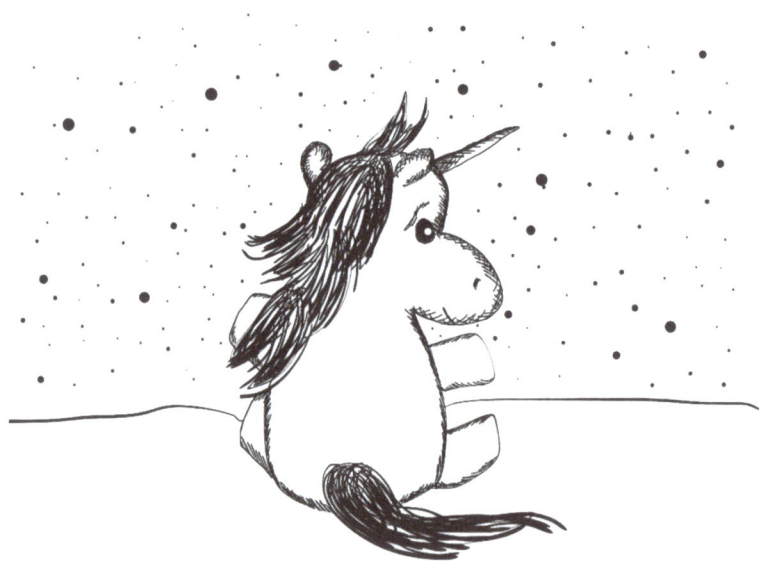

10

HATCH THAT!

Crosshatching is another fun way to shade your work. Lines that cross each other like a cross create this effect. The closer the lines, the darker the effect. The lines can run parallel or even bend, to make a curve effect.

¡SOMBREA!

Sombrear a rayas es una manera divertida de sombrear tu trabajo. Puedes crear este efecto dibujando líneas que se cruzan. Cuanto más cerca estén las líneas, más oscuro será el efecto. Las líneas pueden ser paralelas o incluso pueden ondularse, para hacer un efecto de curva.

HACHURE TOUT ÇA !

Les hachures sont une manière amusante d'ajouter des ombres à tes dessins. Les lignes qui se croisent comme des croix créent cet effet. Plus les lignes sont rapprochées, plus l'effet sera foncé. Les lignes peuvent être parallèles ou même courbes, pour créer un effet de courbe.

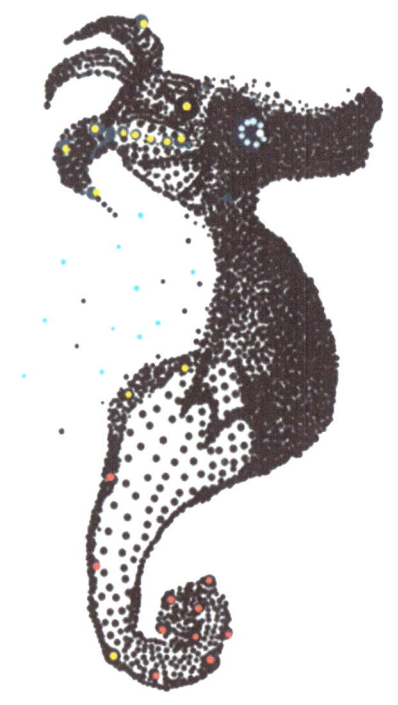

11

DOTS EVERYWHERE.

If you like dots, you will love to stipple. Stippling is when a sketch artist draws only with dots. Small dots, medium dots, large dots. The closer and smaller the dots, you create shade, or darker color. The farther apart and larger you create hue, or lighter color.

PUNTOS POR TODAS PARTES.

Si te gustan los puntos, te encantará puntear. El punteo es cuando un artista de bocetos dibuja usando solo puntos. Pueden ser puntos pequeños, medianos o grandes. Cuanto más pequeños y cercanos sean los puntos, más oscura será la sombra o el color que crearás. Cuanto más alejados y grandes sean, más claro o luminoso será el color.

VIVE LES POINTS !

Si tu aimes les points, tu aimeras le pointillé. Le pointillisme est la technique utilisée par les artistes qui dessinent seulement avec des points, petits, moyens ou grands. Plus les points sont rapprochés et petits, plus tu peux créer des ombres et des couleurs foncées. Plus les points sont éloignés, plus les teintes ou les couleurs sont pâles.

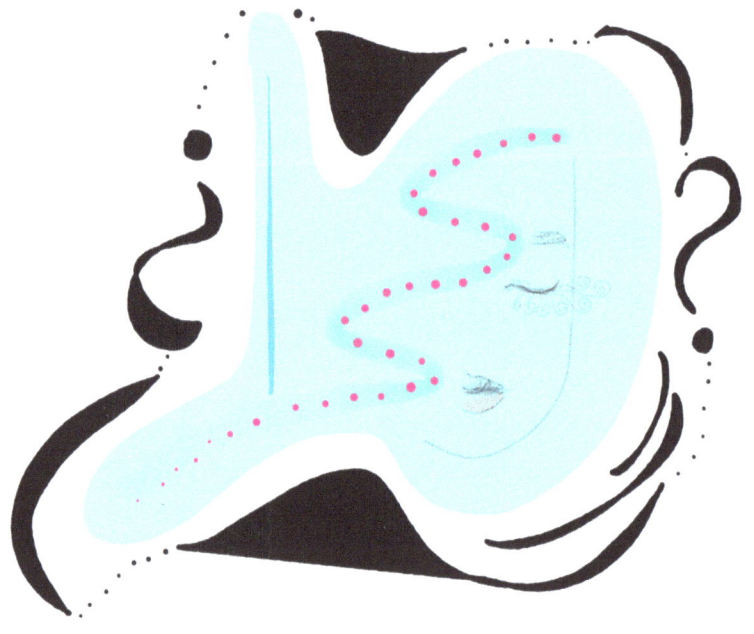

WHAT IS YOUR STYLE?

Every visual artist has someone who inspires him or her. At first, you may want to copy them and that's okay, it helps you practice and learn. But soon, you will want to figure out your own style.

Look at your thumbnails and see what colors, lines and shapes repeat in your work. Also how you draw them - smooth and sophisticated or quick and funky. Don't be afraid, when you discover your style, you discover who you really are.

¿CUÁL ES TU ESTILO?

Todos los artistas visuales tienen algún artista que los inspira. Al principio, es posible que desees copiar sus obras, y eso está bien porque te ayuda a practicar y aprender. Pero pronto desearás descubrir tu propio estilo.

Revisa tus bocetos en miniatura para ver qué colores, líneas y formas se repiten en tu trabajo. También fíjate cómo los dibujas: suave y sofisticadamente o rápida y divertidamente. No tengas miedo. Cuando descubras tu estilo, descubrirás quién eres en realidad.

QUEL EST TON STYLE?

Tous les artistes visuels sont inspirés par un ou une artiste en particulier. Au début, il est normal de les copier et c'est normal, car cela t'aide à te pratiquer et apprendre. Puis, tu devras déterminer ton propre style.

Regarde tous tes petits croquis et observe les couleurs, lignes et formes qui reviennent souvent dans tes œuvres. Examine aussi ta manière de les dessiner ; lisse et sophistiqué ou rapide et éclectique. Ne t'inquiète pas, car lorsque tu découvriras ton style, tu découvriras qui tu es vraiment.

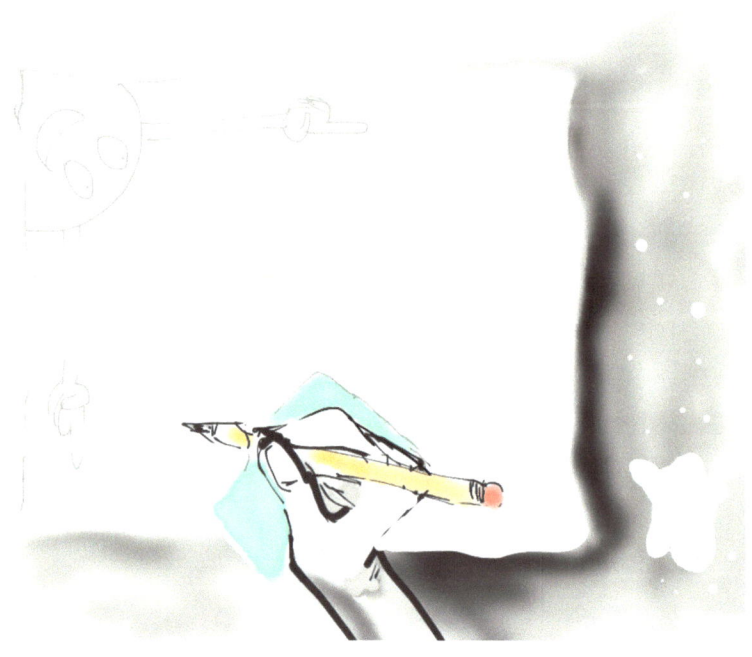

BE NEAT.

Whether you are a righty or lefty, when drawing, start from left to right and from the top of your page to the bottom of your page; this helps prevent smudging across the page, especially when using pencil or charcoal.

Also, make sure you have a piece of paper underneath your drawing hand to avoid a trail of fingerprints.

SÉ PULCRO.

Ya sea que dibujes con la mano derecha o izquierda, cuando dibujes, empieza de izquierda a derecha y desde la parte de arriba de tu página hacia la parte de abajo. Esto ayuda a evitar borrones en la página, en especial cuando usas lápiz o carbones.

Además, asegúrate de tener una hoja de papel debajo de la mano que usas para dibujar, para evitar dejar un rastro de huellas digitales.

SOIS SOIGNÉE.

Que tu sois droitière ou gauchère, quand tu dessines, commences de gauche à droite et de haut en bas de la page, car cela évite les bavures, surtout lorsque tu utilises un crayon de plomb ou du fusain.

De plus, assure-toi de placer un morceau de papier sous la main que tu utilises pour dessiner, pour éviter les traces de doigts.

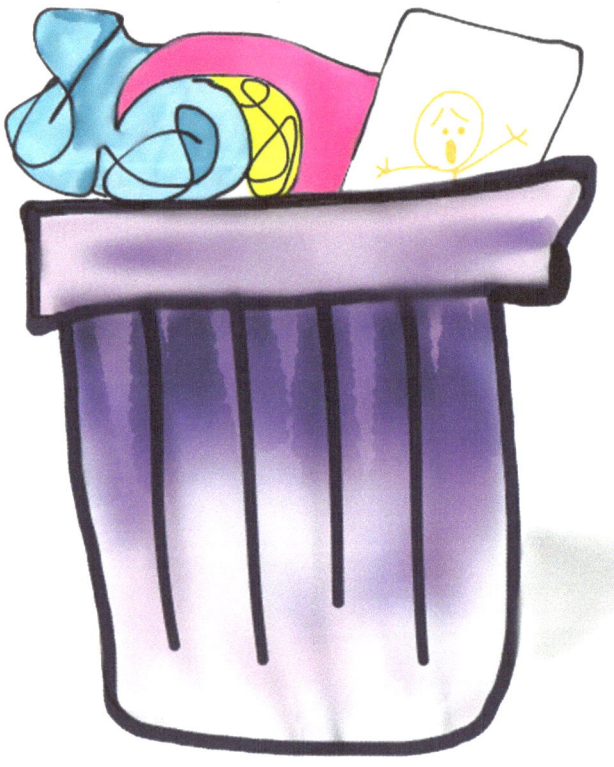

14

DON'T THROW AWAY YOUR WORK...
EVER!

Even if you think it's not your best. Keep it. Ask your Art teacher for feedback. It may be the next first place at your school's art competition!

NO TIRES TU TRABAJO...
¡JAMÁS!

Aunque no te parezca tu mejor obra, guárdala. Pídele su opinión a tu maestro de arte. ¡Ese dibujo podría ganar el próximo primer premio en el concurso de arte de tu escuela!

NE JETTE PAS TES ŒUVRES...
JAMAIS !

Même si tu penses que ce n'est pas ton meilleur dessin, conserve-le quand même. Demande à ton enseignant d'arts plastiques de commenter tes dessins. Tu pourrais te retrouver à la première place de la compétition d'arts de ton école !

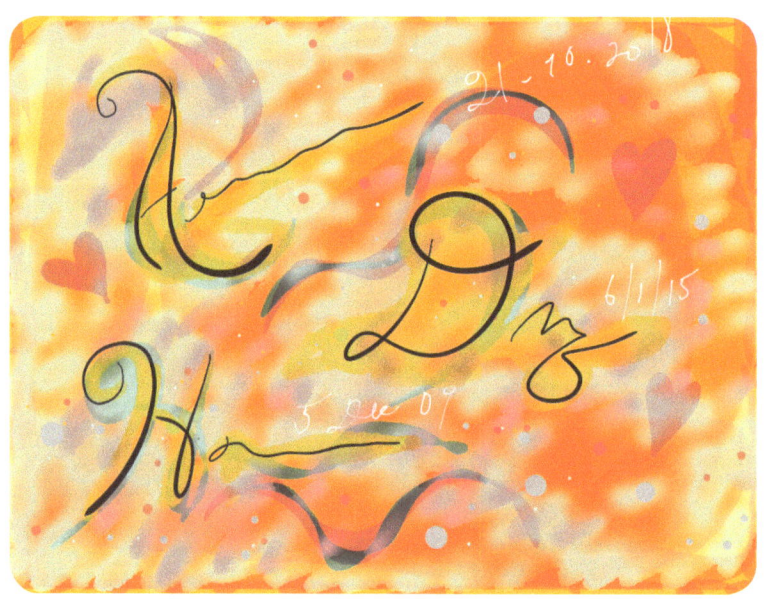

SIGN YOUR WORK.

It's yours, claim it, and protect it by signing and dating your masterpieces.

FIRMA TU TRABAJO.

Es tuyo, así que aduéñate de él y protégelo firmando y fechado tus obras de arte.

SIGNE TES ŒUVRES.

Elles sont tiennes et affirme-le. Protège-les en les signant et en les datant.

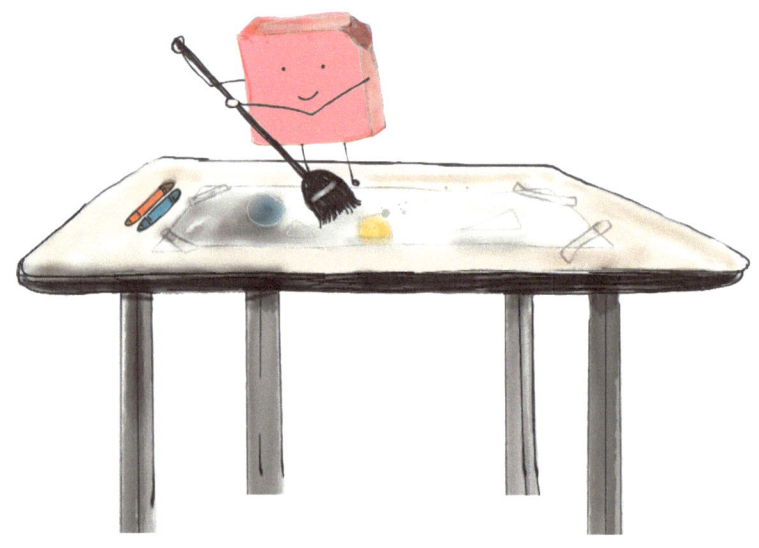

BE PROFESSIONAL.

When you show your final piece, let's say to a competition at school, you want it to look sharp. Check for smudges or lines that shouldn't be there. Frame it if that works best. Take pride in your work. When you do, others will take you and your work seriously.

SÉ PROFESIONAL.

Cuando muestres tu obra final, digamos en un concurso en la escuela, querrás que se vea perfecta. Fíjate que no haya borrones o líneas que no deberían estar allí. Enmarca tu obra si así se ve mejor. Enorgullécete de tu trabajo. Cuando lo hagas, los demás te tomarán en serio a ti y a tu obra.

SOIS PROFESSIONNELLE.

Lorsque tu présentes une œuvre finale, par exemple lors d'une compétition scolaire, assure-toi qu'elle soit soignée. Vérifie s'il y a des bavures ou des lignes qui ne devraient pas y être. Encadre-la, si cela paraît mieux. Sois fière de ton œuvre, car cela fera en sorte que les autres te prennent au sérieux et ton œuvre aussi.

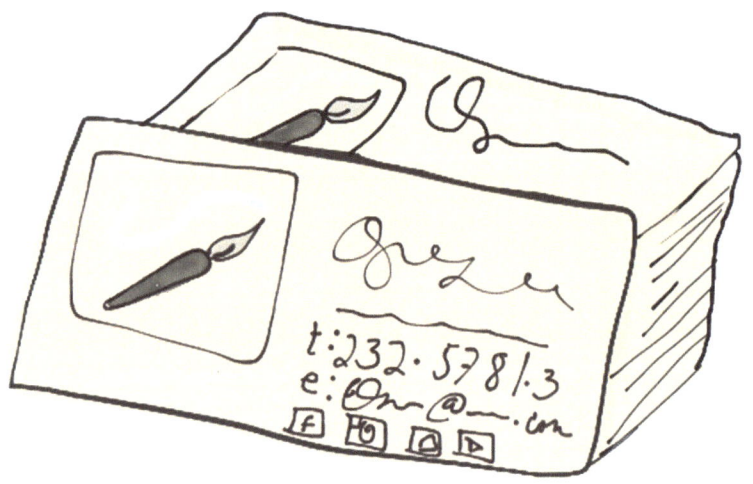

YOUR ART IS YOUR BUSINESS.

If you are serious about your artwork and want to make it your career, then learn all you can about running a business. Interview family members who own their own business to learn what is needed. Visit art galleries in your town or city to see how professional artists mount their work for the public. Start now, there is no telling where your art will take you!

TU ARTE ES TU EMPRESA.

Si te tomas en serio tu arte y deseas convertirlo en tu carrera, aprende todo lo que puedas sobre cómo administrar una empresa. Entrevista a tus familiares que tengan empresas propias para aprender lo que se necesita. Visita galerías de arte en tu pueblo o ciudad para ver cómo montan su arte para el público los artistas profesionales. Empieza ahora, ¡quién sabe adónde te llevará tu arte!

TON ART EST TON ENTREPRISE.

Si tu es sérieuse par rapport à ton art et désires en faire une carrière, essaie d'apprendre tout ce qui touche aux entreprises. Pose des questions aux membres de ta famille qui travaillent dans le domaine des affaires pour découvrir ce que cela implique. Visite des galeries d'art dans ta ville pour voir comment les artistes professionnels montent leur travail pour le public. Commence maintenant, car on ne sait jamais où ton art t'amènera !

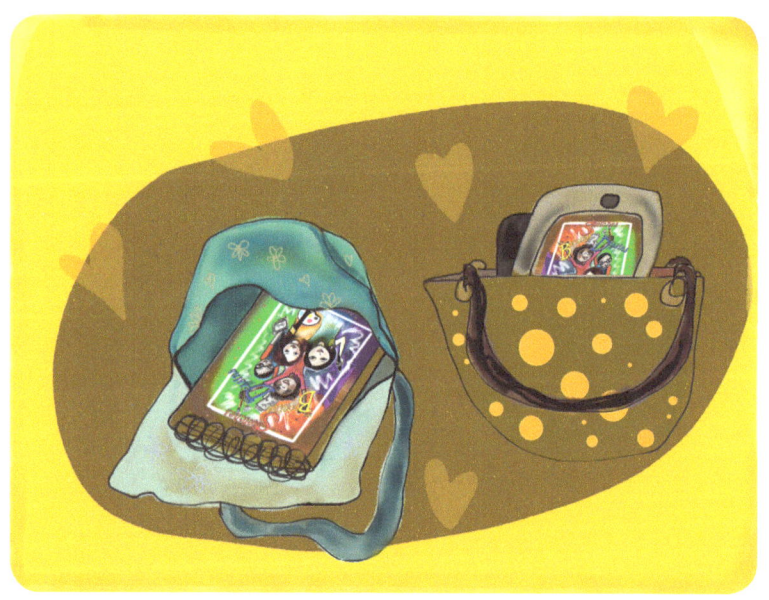

LASTLY AND MOST IMPORTANTLY... DRAW, DRAW, DRAW.

Keep your sketchbook and pencil handy, in your purse or your backpack. No matter how small the idea or how quickly you pass by an interesting object, draw it in your sketchbook. It can be a quick doodle, or if you have more time, a detailed rendering (another term that is used to indicate a drawing). The more you draw, the better you will be at your craft.

POR ÚLTIMO Y ESPECIALMENTE... DIBUJA, DIBUJA, DIBUJA.

Ten tu libro de bocetos y lápiz a mano, en tu bolso o mochila. No importa cuán pequeña sea la idea o cuán rápido pases frente a un objeto interesante, dibújalos en tu libro de bocetos. Puede ser un boceto rápido o, si tienes más tiempo, una representación detallada (otro término que se usa para indicar un dibujo). Cuanto más dibujes, más perfeccionarás tu talento artístico.

ET ENFIN, ET C'EST LE PLUS IMPORTANT... DESSINE, DESSINE, DESSINE.

Garde ton cahier de dessins et un crayon à portée de main en tout temps, dans ta sacoche ou ton sac. Même les toutes petites idées ou quand tu passes devant un objet qui t'intéresse, dessine-le dans ton cahier. Ça peut être une esquisse rapide ou, si tu as davantage de temps, un rendu détaillé (un autre terme qui est utilisé pour indiquer un dessin). Plus tu dessines, plus tu t'amélioreras.

The Author * La autora * L'auteure
Andrea Saroya
a.k.a. Inderjot Kaur

I have been drawing since I was three years old. At first, a normal thing for any kid, the difference is, I never stopped. I have a variety of sketchbooks, some from a long time ago and others more recent. The beautiful jungles and beaches of my home country Panama and the clear star-lit nights I encountered in Taos, New Mexico, USA, many years ago, inspire me. I became a Children's Book Illustrator because it gives me the freedom to imagine, to use colors in many ways and be humorous as well. You can checkout my work at **www.andreasaroya.com** and drop me a line.

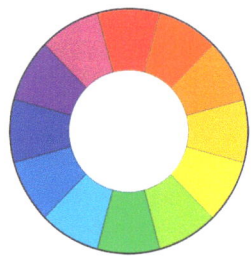

Empecé a dibujar a los tres años. Al principio esto es algo normal en todos los niños, pero la diferencia es que yo nunca dejé de hacerlo. Tengo una variedad de libros de bocetos, algunos de hace mucho tiempo y otros más recientes. Mi inspiración viene de las bellas selvas y playas de mi país natal, Panamá, y de las claras noches estrelladas que encontré en Taos, Nuevo México, EEUUAA, hace muchos años. Me convertí en ilustradora de libros para niños porque esto me da la libertad de imaginar, usar colores de muchas formas y también utilizar mi sentido del humor. Puedes ver mi trabajo en **www.andreasaroya.com** y escribirme.

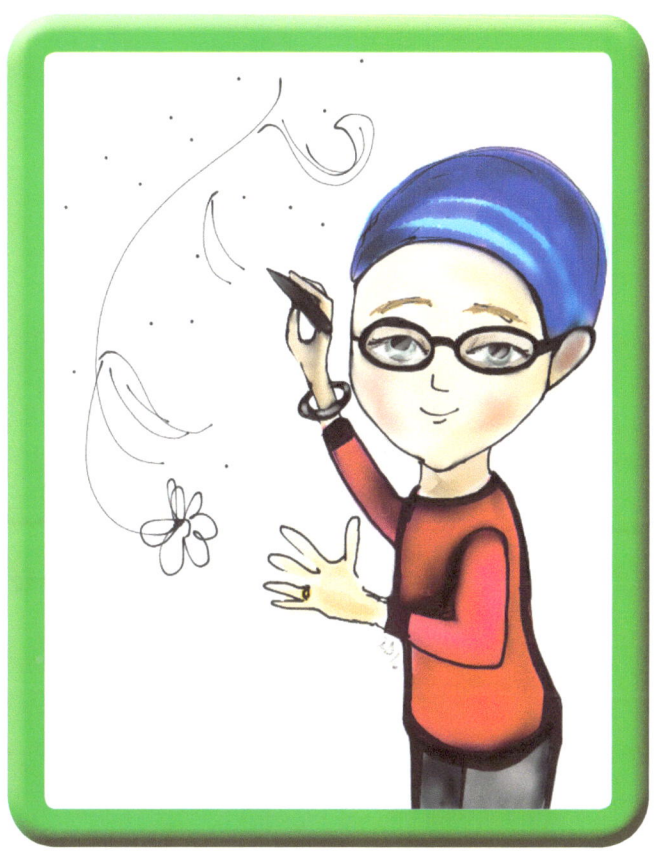

Je dessine depuis l'âge de trois ans. Le dessin est une activité aimée de tous les enfants. La différence, c'est que moi je n'ai jamais cessé de dessiner. J'ai de nombreux cahiers de dessins. Certains datent d'il y a longtemps et d'autres sont plus récents. Les magnifiques jungles et plages de mon pays natal, le Panama, et les nuits étoilées d'il y a longtemps à Taos, au Nouveau-Mexique, États-Unis d'Amérique, m'ont toujours inspirée. Je suis devenue illustratrice de livres pour enfants car cela me permet de laisser voguer mon imagination et d'utiliser les couleurs de multiples façons, le tout avec une pointe d'humour. Vous pouvez consulter mes œuvres sur le site **www.andreasaroya.com** et me contacter.

Piggy Press Books

@mysketches123

Piggy Press Books
www.piggypress.com

www.ingramcontent.com/pod-product-compliance
Lightning Source LLC
Chambersburg PA
CBHW052059170526
45162CB00005BA/48